LE PETIT LIVRE DE 49 LIGNES

Florence Maman

Balboa Press books may be ordered through booksellers or by contacting:

Balboa Press
A Division of Hay House
1663 Liberty Drive
Bloomington, IN 47403
www.balboapress.com
1 (877) 407-4847

Print information available on the last page.

ISBN: 978-1-9822-0912-4 (sc)
ISBN: 978-1-9822-0913-1 (e)

Balboa Press rev. date: 08/22/2018

LE PETIT LIVRE DE 49 LIGNES

BALBOA PRESS

A DIVISION OF HAY HOUSE

PRÉFACE

Je pense que je suis la personne la plus chanceuse au monde.

DÉDICACE

Je dédie ce petit livre à mes chers enfants, Antony et Samy qui ont cru assez en moi pour demander mon aide.

REMERCIEMENTS

Merci a mon mari Younousse qui m'a encouragée.
Merci a Janet Bright qui m'a fait lire mon premier
livre de Feng Shui.
Merci, merci, merci à mon grand ami Ron
Sunderland qui ne m'a pas
laissée gâcher mon talent.
Merci a mes lecteurs.

INTRODUCTION

Je suis née dans la belle ville de Paris de parents tous deux nés
en Egypte et cousins germains.

Bien que l'on m'ait dit que je devrais être tarée me voila
avec tout mon esprit.
Je n'ai aucune prétention de mathématicien mais les
chiffres me parlent.
J'ai eu une enfance bizarre et une vie contrôlée par une série
de "coïncidences" telle que rater le français au

bac alors que c'était mon sujet de prédilection, ce qui me fit repenser tout mon futur et décider d'aller vivre en Angleterre.

Ça parait incroyable qu'écrire des lignes soit si puissant.
Je l'ai fait pendant des années maintenant, mais sans vraiment comprendre.
C'est quand j'ai eu tant de résultats positifs que j'ai réalisé
que je tenais quelque chose.
Qui aurait pensé que ces lignes apporterait un changement réel
dans la vie des gens.
A Tout à commence par ma passion de l'étude de Feng Shui.

Un jour, mon maître Lillian Too mentionna l'importance de 49.
Ça m'a parlé.
L'idée était si simple!

Soudain, je commençais à associer l'idée de 49 lignes avec écrire

sur papier mes besoins essentiels sous forme de liste.

Et vite je réalisais que les lignes, qu'on faisait à l'école

pour renforcer un message, étaient vraiment utiles.

Donc, souhaiter quelque chose de bon, quelque chose de bon suivrait.

S'ensuivirent toute une série de bons résultats.

Parfois les gens ne me disent pas si il y a eu une amélioration

et je refais l'exercice mais toujours avec la meilleure intention.

Mes études du Feng Shui ont développé mes intuitions. Et intuition est ce

qui est utile pour décider de l'affirmation.

Les affirmations doivent être précises et très positives même quand

certaines personnes vous portent préjudice.

Pour obtenir le maximum de l'énergie, les lignes sont très puissantes.

Ma foi en l'énergie apporte le meilleur de toutes situations.

Il faut être sur de ce que l'on demande de l'énergie, car seulement la foi

en soi-même et dans l'énergie peut déplacer des montagnes.

"Mon fils Antony avait des soucis avec son directeur qui ne l'appréciait pas, l'empêchait d'avoir son bonus et faisait des rapports pas très sympas.

J'ai fait mes lignes qui donnèrent un résultat très positif.

En fait le directeur en question quitta la société.

Ce fut ce qui me donna la foi que tout était possible.

Parfois, j'ai demande à des amis d'écrire les lignes ce qui a contribue à

focaliser l'énergie aux résultats demandés.

Il ne faut pas s'attendre à gagner la loterie. Ça ne marche pas comme ça!

Le secret: être toujours honnête et envoyer de l'amour.
L'intention,de donner de l'amour et souhaiter le meilleur pour chacun
en relations, carrière, santé etc...., a le pouvoir de créer tout cela.

Et surtout dire MERCI.

Aussi être réceptif à la formule pour aller de l'avant, et à l'offre d'aide.
Quand l'aide est offerte avec amour et considération; c'est sur que ça marche.

Je ne peux pas résoudre les problèmes du monde entier mais je peux donner toute mon intention pour réduire la pression.

Je ne peux pas dire que ça marche à 100% spécialement pour la santé mais
quelque chose se passe. Même si c'est une toute petite amélioration c'est mieux que rien.
La destinée dans ce cas ne peut être changée surtout si on me
consulte trop tard.

SOUHAITER L'AMOUR

C'est le but de ce petit exercice.

Il n'y a rien de mieux au monde que l'Amour.

AVOIR L'INTENTION DE DONNER L'AMOUR

C'est seulement avec l'intention de donner
l'Amour qu'on accomplit l'impossible.
Parfois les choses semblent
impossibles mais ce petit geste
d'amour fait des miracles.

ENVOYER DE L'AMOUR

C'est le seul moyen d'en recevoir.

L'ATTENTION

C'est parce que vous considérez
tant vos amis et famille, et leur
souhaitez le meilleur, que ça marche.
Même si vous ne connaissez pas cette personne,
mais vous vous sentez concerne,
pas de problème, l'attention à leur bien-
être devient de l'Amour à donner.

SOYEZ ALTRUISTE

Aimez la race humaine. Soyez philanthrope.
Nous ne sommes que des humains.
Faire de petits gestes
est plus puissant pour les autres que pour
soi-même car tout est dans l'intention.
Prenez plaisir à écrire les 49 lignes.
C'est mon grand plaisir de pouvoir
aider de cette façon.

NE JAMAIS ÉCRIRE AU DÉTRIMENT DE QUELQU'UN

Seuls les souhaits de bonheur peuvent réussir.
Ne cherchez pas la revanche.
Ne souhaitez pas des malheurs.
Cela ne vous apportera que des malheurs.
Les lignes ne sont pas écrites
en vue de faire du mal.

NE PAS INSULTER

Les gens sont tels qu'ils sont.
C'est souvent un manque de compréhension.
Les insultes ne vous mènent nulle part.

TROUVER L'AFFIRMATION JUSTE

Prenez le temps de trouver la phrase parfaite.
Réfléchissez.
Les mêmes mots ne vont pas à tout le monde.
Ils ne peuvent pas être stéréotypes.

L'INTUITION

L'intuition est une force qui vous fait
agir d'une certaine façon.
Laissez vous guider pour écrire la bonne phrase.
Parfois vous risquez de ne pas comprendre
cette petit voix intérieure
qui vous dit quoi faire.
Laissez vous guider et la
signification viendra après.

PRECISEMENT

"Être bref est une vertu"
L'affirmation doit être précise.
Décrivez en quelques mots ce que vous voulez.

"J'ai écrit l'affirmation pour Shaun qui
cherchait du travail. Shaun a eu ce travail,
mais cela comportait de voyager à l'étranger.
Si j'avais ajouté "près de chez lui".
il ne serait pas parti si loin d'Irlande.
Voilà pourquoi il faut être précis.
En fin de comptes, il aime ce
travail et il aime voyager;
ce qui me fait penser que
l'énergie donne plus que ce que l'on demande.

POSITIVITE

L'affirmation doit être positive.

NE RIEN COMPLIQUER

Restez simple dans vos demandes.
Utilisez des mots faciles.
Trouvez le mot juste pour décrire la demande.
La phrase n'a pas besoin d'être
longue et tortueuse.
Dites le! J'ai....

ACCEPTER L'AIDE

Si quelqu'un veut vous aider avec
les lignes: c'est que c'est offert
avec amour et considération.

"Des amis étaient dans une situation difficile
pour vendre le bail de leur restaurant.
J'ai décide de les aider en faisant les lignes
avec eux. Dans les 5 minutes après avoir
termine les lignes, le téléphone sonnait.
Une ancienne employée dit qu'elle venait d'être
appelée pour reprendre le travail
avec les nouveaux acquéreurs.
L'aide arrivait déjà...

LA MÉTHODE DE FLORENCE

Ayant trouvé la phrase exacte,
l'écrire 49 fois sur une feuille de papier blanc.
C'est le message complet.
(j'ai écrit aussi sur du papier quadrille
et ça marche tout autant.)

LES INITIALES

Mettez vos initiales a la fin de chaque ligne.
C'est votre marque personnelle.

POURQUOI EST-CE QUE "49" EST SI PUISSANT?

49 est un chiffre sacré parce qu'il
représente 7 couches d'aura
et 7 chakras.

7X7=49

LA SIGNATURE

Signez à la fin des 49 lignes pour assumer
la responsabilité de votre acte.

ÊTRE CONCIS

Écrivez le nom de la personne pour
qui les lignes se rapportent.
Écrivez le nom de la personne qui bloque
le chemin mais seulement pour lui
souhaiter de bonnes choses.
Bien sur si vous écrivez pour
vous mêmes, dites "je".
"L'amie de ma cousine avait un souci
avec le directeur de son agence.
Nous avons fait les lignes ensemble en souhaitant
à ce monsieur une promotion.
Et quelques temps plus tard il eut
sa promotion qui l'envoya
dans une autre agence.
Tout le monde était heureux."

DOUTER

Ne doutez jamais de la réussite de votre action.
Si il y a une ombre de doute dans votre esprit,
ça risque de freiner le processus.

LES AMIS

N'hésitez pas à demander à
vos amis de collaborer
dans un cas difficile.
Donc quand c'est nécessaire, demandez
qu'ils fassent les lignes avec vous.
En général ils seront heureux de le faire.
"J'avais un procès avec un employé
qui durait depuis ...8ans.
J'ai demande à 5 personnes de
m'aider à écrire les lignes,
et j'ai gagné mon procès." Génial!

ET ENSUITE

Maintenant que c'est fait et signe, faites en une boule.

ET APRÈS?

Jetez la boule dans le courant d'une rivière ou dans la mer afin que l'énergie fasse son travail. En jetant la boule de papier dites, bien fort "MERCI".

MAIS...

Si vous êtes dans un endroit où
il n'y a pas de courant,
vous pouvez jeter le papier dans les toilettes.
Mais seulement en dernier recours.

MERCI

C'est une activation très puissante
à la formule d'écrire "Merci"
à la fin de chaque affirmation.

25

FAIRE BIEN ATTENTION AU NOMBRE 49

N'écrivez pas plus de 49 lignes car ce nombre est sacré et qu'il ne le serait plus. N'écrivez pas moins de 49 lignes car le travail serait incomplet.

QUAND ET COMMENT?

Quand vous dites que vous allez
le faire, faites le de suite.
Si vous attendez cela pourrait
vous sortir de l'esprit.
Les lignes peuvent être écrites
à votre propre rythme.
En une fois, ou en plusieurs jours,
ou comme vous voulez.
Mais plus vous prenez de temps,
plus le résultat prendra du temps.
Je traite chaque cas comme une urgence.

MAIS ATTENTION

Écrivez le tout a la main.
Ne soyez pas tente de donner
le travail à l'ordinateur.
La pensée que vous y mettez,
force à la concentration.
N'écrivez pas l'affirmation telle une
série de mots listés jusqu'à 49.
Chaque phrase doit être écrite entièrement
pour garder sa signification.

À QUOI ÇA RESSEMBLE

1- Je ou Mr X............initiales
2- Je ou Mr X............initiales
3-
47-
48-
49-

Signature

(Normalement je ne mets pas le nombre devant mais je compte sans cesse.)

COMMENT S'EXPRIMER

Cela doit être écrit au temps présent
et comme si c'était déjà arrivé.
Ensuite dire "Merci".
N'écrivez pas en pièces détachées:
le 1er mot, 49 fois, le 2ème mot, 49
fois etc..ne soyez pas paresseux.
Ce ne devrait être pas un fardeau.

RECEPTIVITE

La personne doit être réceptive à l'aide proposée
pour que le résultat soit rapide et prenne effet.
Mais on peut écrire les lignes
pour une autre personne
(par exemple un enfant)
sans le faire savoir.

LE SECRET

Foi et croyance en soi.
La clef de chaque problème est toujours en soi.
Nous tenons la solution de nos succès.

LA LOI DE L'ATTRACTION

Écrire encore et encore (49 fois),
c'est comme une mantra avec vos propres mots.
Ça attire l'énergie à répondre positivement.

LA SANTE

"Ma fille m'a appelé en état de panique.
Son ami, un jeune homme impulsif,
avait bu dans un pub
depuis 4h de l'après-midi et était
à ce point très agressif.
Il commença une bagarre avec
un autre aussi rond que lui et
qu'il laissa comme mort sur le carreau.
Le type était dans le coma entre la vie et la mort.
Ma fille et moi avons décidé de faire les lignes
pour la guérison de ce pauvre garçon.
Il est maintenant hors de danger."
Je veux croire qu'à nous deux, nous
avons contribué à cette guérison.

Ma fille a cru assez en moi pour m'appeler
et commencer le processus."

"Mon cousin a fait un AVC. Il est devenu irritable,
parle peu et oublie pas mal de choses.
Sa petit amie m'a demandé si on
pouvait faire quelque chose pour lui.
Nous avons fait les lignes et le soir
même elle m'annonçait qu'il avait
recommence à communiquer"...

LES FINANCES

Mon expérience m'a appris que cette
méthode marche dans plusieurs secteurs.
Mais j'ai remarqué que ne demander
que de l'argent n'a pas abouti.
Désolée de vous dire qu'il ne faut pas
s'attendre à ce que les lignes vous
fasse gagner de larges sommes.
Mais je vous le souhaite.
Avec un bon Feng Shui et la foi, l'argent
est toujours la quand on en a besoin.
C'est le cas de provoquer la chance.

LES RELATIONS AMOUREUSES

"Une fille me racontait qu'elle avait divorce,
qu'elle était revenue vivre chez sa mère
et que la vie était devenue compliquée
puisqu'elle n'était plus chez elle.
De plus elle était prête pour
rencontrer l'âme sœur.
Je lui ai dit de placer quelques
symboles de Feng Shui
et de mon côté je fis les lignes. Quelques
semaines plus tard, elle me dit qu'elle L'avait
rencontre, qu'elle partait vivre avec lui
et qu'elle me dirait quand acheter un chapeau."
"Quand je suis revenue vivre en France,
j'avais besoin de reconstruire ma vie, de
faire de nouveaux amis et de
rencontrer un homme.
Je décidai de faire une liste pour le décrire.

C'était une longue liste car j'étais très précise.
Je le rencontrai très vite au sein d'une association
de bénévoles qui aidait les sans-logis.
À présent je ne sais pas où est cette
liste mais je peux vous assurer
que l'énergie m' à donne mieux
que ma demande."

LES ENFANTS - L'EDUCATION

Quand vous espérez de bons résultats
scolaires pour votre enfant,
cette méthode peut marcher.
Je me rappelle avoir suggère à
2 amies de faire les lignes
pour leurs filles et de placer un
globe dans leurs chambres.
Les 2 filles ne faisaient rien pour
leurs examens finals.
Une en France et l'autre en Angleterre.
L'espoir était bas pour les mères.
Mais je savais qu'elles réussiraient.
Et elles ont réussi.
"Louis un jeune homme, dont le sujet
principal était la chimie, se désolait d›avoir
un prof nul dans sa matière préféré

J'ai fait les lignes avec son grand-père.
En 2 jours, le prof décida de prendre sa
retraite immédiate avant même
la fin de l'année scolaire..."

37

LA CARRIERE

"Mon fils Antony, avait un problème
avec son directeur hiérarchique,
qui faisait de mauvais rapports
et stoppait ses bonus.
J'étais contente qu'il m'en parla.
J'achetai quelques symboles de Feng
Shui et fis les lignes en mentionnant
le nom du monsieur en question.
Peu après, on me dit qu'il avait quitté la société.
Mon fils eut son poste et le bonus bien mérite."
J'étais certaine que ça marcherait,
mais je ne savais pas a quel point!
Ma chère nièce, Debbie, n'avait plus de
travail pendant longtemps et étant
indépendante cela posait de gros soucis.
Après 2 semaines et les lignes faites,
Le téléphone n'arrêtait plus de sonner.

Ce qu'elle nomma "le syndrome du bus qui
n'arrive jamais" et tout à coup
il y en a 5 à la suite.
Plein de travail!

LES MAITRES - LES GUIDES

C'est quand vous avez besoin de l'aide
d'un conseiller expérimenté.
Mettez une photo de ce mentor où
vous pouvez le voir régulièrement.
"Il veille".
Regardez ce portrait quotidiennement
contribue à votre ambition.
Séparément écrire les lignes attire
le transfert de connaissances.

LES VOYAGES

"Ma chère cousine Eliane n'avait
qu'un rêve: aller à New York.
Je lui suggérais de mettre une photo de New York
où elle pouvait regarder cette
ville quotidiennement.
Je postai mes bonnes vieilles 49 lignes.
Je pensais qu'elle avait besoin de
cet amour à ce moment la
car sa santé n'était pas bonne.
Deux mois après elle était la-bas!
Elle était réceptive à ce que je lui avais
prescrit de faire et son rêve se réalisa."

PARDONNER ET OUBLIER

Les 49 lignes sont une façon pour
celui qui fait les lignes
de compléter l'action de
donner et permettre la possibilité
de pardonner et oublier.
Pardonner: quand on souhaite
de bonnes choses.
Oublier: quand le papier est jeté à l'eau.
C'est fait!

ADVIENNE QUE POURRA, L'ÉNERGIE Y POURVOIRA

Ou que Sara, Sara...
Ne restez pas dans vos soucis.
Envoyez les a l'énergie.
Dieu étant l'autre nom de l'énergie.
Une petite phrase qui fait comprendre l'idée.

RELIGION

Vous n'avez pas besoin
d'appartenir à une religion,
à une secte, à une association quelconque.
Juste la foi en soi et en l'énergie qui
est à l'écoute de vos désirs.
C'est ça le truc.
Je ne crois pas à la malchance
et au mauvais œil.
Chacun crée sa propre chance et malchance.

DETERMINATION

C'est une force qui pousse a agir
d'une certaine façon.
Soyez fort et réussissez!

INSPIRATION ET ASPIRATION

J'attendais que l'inspiration
m'éclaire pour écrire un livre.
Donc j'écrivis pour moi-même les lignes et
l'inspiration me vint pour commencer à écrire.
J'aspirais à écrire, pas un livre de Feng Shui
mais plutôt rassembler mes connaissances
de la Loi de l'attraction, la positivité,le
pouvoir de l'intention,
Ho'oponono et autres sources
de sentiments intérieurs
même le Tarot.

LE BONHEUR

Sans aucun doute, aider les gens apporte satisfaction et bonheur.

CONSEQUENCES

Ma nièce Debbie, que j'ai aide
à trouver du travail,
le dit a son amie et peu après
celle-ci trouva elle-même du
travail. Cela prit 2 semaines.

TYPES DE PHRASES

X (ou je) a le travail idéal. Merci. Initiales
X (ou je) a le partenaire idéal. Merci. Initiales
C'est un début simpliste mais bâtissez dessus.

RECONNAISSANCE

C'est la gratitude de reconnaître
l'effet des 49 lignes.
Ne soyez pas gêne d'attendre un petit
remerciement donne dans une
enveloppe rouge, quand le résultat est positif.
Vous ne serez pas riche mais cela
montrera l'appréciation finale.
("Tout travail mérite salaire." Karl Marx.
Même si ce n'est pas un travail).

49

REALISATION

Quand vous vous apercevez que
vous avez besoin d'aide et
vous ne savez plus où vous tournez.
Dernier recours?

ET MAINTENANT, C'EST À VOUS!!!

C'EST QUOI...

FENG SHUI

C'est l'art ancien chinois qui permet d'harmoniser
notre vie selon ce qui nous entoure
dehors et dedans du foyer
pour la Santé, l'Argent, les
Relations Amoureuses, la
Carrière, l'Education...etc.
Il utilise des éléments tels que
Métal, Bois, Eau, Feu et Terre.

HO'OPONOPONO

C'est une ancienne méthode
Hawaïenne qui permet
de nettoyer les énergies de vies afpassées.

LA LOI DE L'ATTRACTION

Ce fut mis en évidence et révéler
dans le livre et DVD "le secret".
Joe Vitale était l'un des présentateurs
que m'entraîna à en savoir plus.
Et voici comment ça marche. Juste
demander à l'énergie ce que l'on veut.
"J'ai fait mettre 2 implants dentaires
qui se mirent à bouger pendant
que j'étais à l'étranger. Ça m'a coûte
€200. On m'affirma que je ne serais
jamais remboursée. Et moi j'étais sûre
du contraire. Mes pensées positives
me prouvèrent que j'avais raison."

LE PETIT LIVRE DE 49 LIGNES

Florence Maman

Printed in the United States
By Bookmasters